Rotkäppchen

mit Bildern von
Hildrun Covi
Nacherzählt von
Regine Götz

Es war einmal ein kleines Mädchen, das von seiner Großmutter ein rotes Käppchen bekommen hatte. Weil es ihm so gut gefiel, trug es diese Kappe jeden Tag. Bald wurde es nur noch Rotkäppchen genannt.
Eines Tages sagte die Mutter zu Rotkäppchen: „Die Großmutter ist krank, bring ihr dieses Körbchen mit Kuchen und Wein, damit sie sich damit stärken kann. Aber weiche nicht vom Weg ab. Du könntest fallen und die Flasche zerbrechen. Es wäre auch zu gefährlich."
Da musste die Mama das Rotkäppchen nicht lange bitten.

Flugs packte das Mädchen alle guten Dinge in den Korb und machte sich auf den Weg zur Großmutter. Das Mädchen wanderte lustig drauflos. Es freute sich, dass es die Großmutter überraschen durfte, denn es hatte die alte Dame sehr lieb. In seinem Übermut machte es große weite Sprünge und trällerte dabei ein Liedchen vor sich hin.

Das hörte der Wolf, der gerade in seiner Höhle lag und schlief. Und weil er hungrig war, stand er auf und sah nach, was da draußen für ein Leckerbissen für ihn herumlief. Rotkäppchen sah den Wolf, aber es wusste nicht, wie gefährlich er war und fürchtete sich nicht vor ihm.
„Guten Tag, Rotkäppchen", sprach er. „Wohin willst du so geschwind?"
„Zur Großmutter. Ich bringe ihr Kuchen, den wir für sie gebacken haben. Er soll sie wieder kräftigen."
Der Wolf dachte bei sich: Ich werde beide fressen. Das junge zarte Ding fress ich zum Nachtisch. „Wo wohnt denn deine Großmutter?", erkundigte er sich.

Rotkäppchen erklärte es ihm.
Der Wolf lief ein Weilchen neben Rotkäppchen her, dann sprach er: „Rotkäppchen, sieh einmal die schönen Blumen, die ringsumher stehen. Sicher würde sich die Großmutter über einen bunten Blumenstrauß besonders freuen, und sie wird ganz schnell wieder gesund." Rotkäppchen klatschte in die Hände. „Ja, du hast Recht. Es ist noch früh am Tag. Ich komme immer noch zur rechten Zeit an."
Es lief vom Weg ab und hüpfte von einer Blume zur anderen.
So lief es immer tiefer in den Wald hinein.

Der Wolf aber lief zum Haus der Großmutter. Er klopfte.
„Wer ist draußen?", fragte die Großmutter.
„Ich bin es, dein liebes Rotkäppchen. Ich bringe dir Kuchen und Wein, damit du bald wieder gesund wirst", log der Wolf.
„Komm herein, ich bin zu schwach zum Aufstehen", rief die Großmutter. Er drückte auf die Klinke, die Tür sprang auf, und der Wolf lief zur Großmutter und verschlang sie. Danach zog er ihr Nachthemd an, setzte die Haube auf, legte sich ins Bett und wartete auf Rotkäppchen. Das zarte Ding wird noch besser munden, als die Großmutter, dachte er.

Rotkäppchen kam alles so seltsam vor, und es dachte: Oh, wie ist mir heute ängstlich ums Herz? Ich gehe doch sonst so gerne zur Großmutter.

„Guten Morgen!", rief Rotkäppchen. Es bekam keine Antwort. Da lag die Großmutter im Bett und hatte die Haube tief ins Gesicht gezogen. Aber sie sah so wunderlich aus. „Ei, Großmutter, was hast du für große Ohren?", fragte es bang. „Damit ich dich besser hören kann!"

„Ei, Großmutter, was hast du für große Augen?" „Damit ich dich besser sehen kann!"

„Aber Großmutter, warum hast du so große Hände?" „Dass ich dich besser packen kann!"

„Ach, Großmutter, warum hast du so einen entsetzlich großen Mund?" „Dass ich dich besser fressen kann!", rief der Wolf, sprang mit einem Satz aus dem Bett und verschlang das erschrockene Rotkäppchen. „Das war lecker", murmelte er. Dann gähnte er, legte sich wieder ins Bett und schlief ein. Er begann zu schnarchen, dass die Wände zitterten.
Da kam der Jägersmann des Weges, um die Großmutter zu besuchen. Aber, oh Schreck, was musste er da im Bett der Großmutter entdecken? Rasch zog er sein Messer. Vorsichtig schnitt er den Bauch des Wolfes auf.

Zu seinem Erstaunen fand er zuerst das Rotkäppchen. Und es lebte noch.
Dann befreite er die Großmutter. Auch sie war noch lebendig. Sie seufzte. „Ach, wie war es dunkel im Bauch des Wolfes." „Ja, ich konnte kaum atmen und hatte furchtbare Angst", weinte Rotkäppchen.
Der Jäger beruhigte die Großmutter und Rotkäppchen. Dann schickte er Rotkäppchen hinaus, um Steine zu holen. Die Großmutter bat er um Nadel und Zwirn. Sie füllten den Bauch des Wolfes mit den Steinen und nähten ihn wieder zu.

Danach versteckten sie sich. Wie der Wolf aufwachte, wollte er fortspringen, aber die Steine waren so schwer, dass er gleich tot niedersank. Da kam der Jäger herein und zog dem Wolf den Pelz ab. Er nahm ihn mit heim. Die Großmutter und der Jäger aßen den Kuchen und tranken den Wein, den Rotkäppchen gebracht hatte. Dabei erholte sich die Großmutter wieder. Später brachte sie Rotkäppchen bis vor die Tür. „Lauf rasch heim und geh nicht wieder vom Weg ab, wenn auch noch so schöne Blumen dort blühen", mahnte sie. Rotkäppchen nickte und versprach, niemals wieder vom Weg abzuweichen.

Wir sind die Wölfe
ISBN 3-8227-3898-0
€ 7.80 • SFr. 14.80

20x20 cm, 42 Pappseiten, wattierter Kartonumschlag, matt cellophaniert

Nachwort:
Im Märchen kommt der Wolf ziemlich schlecht weg. Er wird als böser Räuber hingestellt.
Wir wissen aber alle, dass Märchen eben fantasievolle Erzählungen sind und nichts mit der Wirklichkeit zu tun haben. Tatsächlich sind Wölfe faszinierende Tiere.
Das ist auch der Grund, warum wir ein Bilderbuch speziell über Wölfe herausgegeben haben. Es ist für Kinder ab vier Jahre geeignet und zeichnet sich besonders durch die fantastischen Bilder und den einfühlsamen Text aus.
In hochwertigster Ausstattung mit einem dicken, wattierten Umschlag und dicken Pappseiten im Inhalt ist dieser Titel ein wunderschönes Geschenk.